*A Árvore da
Vida*

Dados Internacionais de Catalogação na Publicação (CIP)
(Câmara Brasileira do Livro, SP, Brasil)

Boaventura, 1221-1274
 A Árvore da Vida / São Boaventura ; tradução de Frei Saturnino Schneider, OFM. – Petrópolis, RJ : Vozes, 2023. – (Série Clássicos da Espiritualidade)

 Título original: Opera omnia de S. Bonaventurae – Lignum Vitae.

 ISBN 978-85-326-6556-0

 1. Adoração – Ensino bíblico 2. Cristianismo – Filosofia 3. Igreja Católica – Doutrinas – Obras anteriores a 1800 4. Jesus Cristo – Ensinamentos 5. Teologia I. Título. II. Série.

23.164069   CDD-232

Índices para catálogo sistemático:
1. Jesus Crsito : Cristologia   232

Eliane de Freitas Leite – Bibliotecária – CRB 8/8415

São Boaventura

A Árvore da Vida

Tradução de Frei Saturnino Schneider, OFM

EDITORA VOZES

Petrópolis

Tradução do original em latim intitulado
Opera omnia de S. Bonaventurae – Lignum Vitae

© desta tradução:
2023, Editora Vozes Ltda.
Rua Frei Luís, 100
25689-900 Petrópolis, RJ
Brasil

Todos os direitos reservados. Nenhuma parte desta obra poderá ser reproduzida ou transmitida por qualquer forma e/ou quaisquer meios (eletrônico ou mecânico, incluindo fotocópia e gravação) ou arquivada em qualquer sistema ou banco de dados sem permissão escrita da editora.

CONSELHO EDITORIAL

Diretor
Volney J. Berkenbrock

Editores
Aline dos Santos Carneiro
Edrian Josué Pasini
Marilac Loraine Oleniki
Welder Lancieri Marchini

Conselheiros
Elói Dionísio Piva
Francisco Morás
Gilberto Gonçalves Garcia
Ludovico Garmus
Teobaldo Heidemann

Secretário executivo
Leonardo A.R.T. dos Santos

Editoração: Clauzemir Makximovitz
Diagramação: Monique Rodrigues
Revisão gráfica: Lorena Delduca Herédias
Capa: Editora Vozes
Ilustração de capa: Lúcio Américo de Oliveira

ISBN 978-83-326-6556-0

Este livro foi composto e impresso pela Editora Vozes Ltda.

Sumário

Prefácio, 7

Prólogo, 17

1 Do mistério da origem, 27

   Fruto primeiro – Claridade da origem, 27

   Fruto Segundo – Humildade da Conversão, 31

   Fruto terceiro – Altura da virtude, 35

   Fruto quarto – Plenitude da piedade, 39

2 Do mistério da Paixão, 44

   Fruto quinto – Confiança nos perigos, 44

   Fruto sexto – Paciência nas injúrias, 49

   Fruto sétimo – Constância nos suplícios, 53

   Fruto oitavo – Vitória no combate da morte, 59

3 Mistério da glorificação, 65

   Fruto nono – Novidade da Ressurreição, 65

   Fruto décimo – Sublimidade da Ascensão, 69

Fruto décimo primeiro – Equidade do juízo, 74

Fruto décimo segundo – Eternidade do Reino, 78

Oração para alcançar os sete dons do Espírito Santo, 84

Prefácio

Nos últimos anos, houve um aumento no número de publicações de textos místicos da tradição cristã. Muitos personagens que tiveram uma experiência intensa e significativa com Deus deixaram alguns vestígios dessa experiência em seus escritos. O franciscano Boaventura, presbítero, cardeal, filósofo, teólogo, santo e doutor da Igreja compõe o cenário católico com maestria, ao lado de autores como Santo Agostinho; Santo Tomás de Aquino; Beato João Duns Scotus e tantos outros.

Portador de grande inteligência, raciocínio lógico e profundo, Frei Boaventura possuía amplo conhecimento do mundo científico e religioso, o que o tornou hábil, para desenvolver seus escritos e sínteses com uma impecável perfeição.

Breve nota sobre o autor

Boaventura nasceu em Bagnoregio, um burgo próximo às cidades de Orvieto e Viterbo, na Itália, por volta de 1217 e 1218. Filho de Giovanni di Fidanza, médico, na infância, foi acometido por uma grave doença e, segundo a tradição, foi curado por intercessão de São Francisco. Quando criança estudou no convento dos franciscanos em sua terra natal.

Entre 1236 e 1242, foi aluno da Faculdade de Artes, em Paris. Em 1243, ingressou na Ordem Franciscana. Entre os anos de 1243 a 1245 estudou teologia com o professor Alexandre de Hales. Em 1248, após concluir os estudos universitários, com a licença do Ministro Geral João de Parma, começou a ensinar por meio da exposição das Sagradas Escrituras. Entre 1250 e 1251, estudou e comentou as Sentenças de Pedro Lombardo.

O professor Frei Boaventura nos anos de 1252 a 1257, com o amigo Dominicano Frei Tomás de Aquino, saiu em defesa dos mestres das ordens mendicantes que eram atacados pelos mestres seculares em Paris. Em 2 de fevereiro de 1257, foi eleito Ministro Geral, o sétimo sucessor de São Francisco. O seu ministério no governo da ordem franciscana durou dezessete anos. Alguns consideram-no excelente seu governante a ponto de ser reconhecido na história como o segundo fundador da Ordem Franciscana.

Em 1272, Frei Boaventura foi nomeado cardeal e bispo de Albano pelo papa Gregório X. Tornou-se um dos principais nomes do Concílio de Lyon e faleceu em 15 de julho de 1274, durante o evento conciliar. Foi canonizado em 14 de abril de 1482 pelo Papa Sisto IV e, proclamado doutor da Igreja pelo Papa Sisto V, em 14 de março de 1588.

O "Doutor Seráfico", como é conhecido, foi um verdadeiro seguidor de São Francisco de Assis, não apenas como um intelectual, mas sobretudo como um homem que viveu o Evangelho como regra de vida sem deixar perder o espírito de oração e devoção. São Boaventura foi e continua sendo um mestre de vida franciscana e de sabedoria cristã; um místico que se dedicou a pensar e palmilhar as pegadas de

Cristo e apresentou um itinerário pelo qual se pode chegar a Deus.

São Boaventura e as "Obras escolhidas"

Em 1983, a Escola superior de Teologia São Lourenço de Brindes; a Universidade de Caxias do Sul; a Livraria Sulina Editora, em colaboração com a Universidade Federal do Rio Grande do Sul; e a Editora Vozes, lançaram uma compilação de textos de São Boaventura chamada "Obras escolhidas".

A organização ficou a cargo de Luis Alberto de Boni e, a tradução, de Jerônimo Jerkovic e Frei Saturnino Schneider. Entre as obras publicadas está a "Árvore da Vida" (Lignum Vitae), uma meditação cristológica traduzida por Frei Saturnino Schneider. Nesta edição, optou-se em preservar o honroso trabalho de Frei Saturnino e de sua esmerada tradução.

Lignum vitae

Frei Davi de Azevedo, tradutor da edição portuguesa de "Árvore da Vida", sugere que o título pode ter sido inspirado em uma passagem do Apocalipse: "Mostrou-me então o anjo um rio de água da vida, pura como cristal, que saía do trono de Deus e do Cordeiro. No meio da praça, de um lado e de outro do rio, está a **árvore da vida** que produz doze frutos, cada fruto em seu mês. As folhas da árvore servem para curar as nações" (Ap 22,1-2).

A obra em questão é datada de 1260, sendo confirmada pelos estudiosos de São Boaventura como genuína. O livro é composto por três partes com meditações sobre o mistério da origem de Jesus; o mistério da sua paixão; e o mistério de sua glorificação. Cada parte contém quatro capítulos, totalizando doze capítulos no total (os quais são os frutos da árvore). Os capítulos são compostos por quatro subtítulos, totalizando quarenta e oito subtítulos.

Observando a divisão da obra, é evidente o simbolismo dos números: "3×4 = 12 e 4×12 = 48. O número 3 representa a Santíssima Trindade; o 4, designa os pontos cardeais; e o 12, o conjunto dos meses do ano. Tendo, portanto, Deus, o espaço e o tempo (Cf. Árvore da Vida. Prefácio de Frei David de Azevedo, p. 10).

Entre os temas abordados, destacam-se a compaixão e a humildade de Jesus, assim como a virtude que cresce nas pessoas que meditam esse mistério e o assumem. As fontes e os autores que inspiraram Frei Boaventura foram: São Bernardo de Claraval, Santo Agostinho, Santo Anselmo, Elredo de Rievaulx, e, principalmente, a obra *Stimulus amoris* de Eckbert de Schonau.

A obra foi escrita quando Frei Boaventura era Ministro Geral e amadurecia sua reflexão de Jesus Cristo como o centro de tudo, inclusive da alma humana. O Franciscano escreveu para as almas devotas de Cristo, para uma profunda experiência de oração e um encontro pessoal com o Senhor. Quanto ao gênero literário, a obra é espiritual, com tom reflexivo e exortativo. Encontra-se também uma série de meditações baseadas nas Sagradas Escrituras, podendo, assim, esta obra ser considerada uma *lectio divina Franciscana* (Cf. Dizionario Bonaventuriano. Editrici Francescane, 2008, p. 125).

Não há dúvidas de que a obra seja de natureza cristológica, pois os quarenta e oito subtítulos falam da pessoa de Jesus. Os subtítulos dão a ideia de uma ladainha cristológica que começa com a geração de Jesus, passando por sua morte e ressurreição, até chegar n'Ele como fim desejado. A obra também pode ser considerada uma Via-Sacra para ser meditada e rezada.

O próprio Frei Boaventura descreve com precisão, no prólogo, que seu trabalho é ajudar a inflamar tais sentimentos, esclarecer ideias, e reviver a memória do quanto o Senhor fez por nós. O autor ainda afirma que colheu no Evangelho e em "bosques sagrados", pensamentos referentes à vida, paixão, e glorificação de Jesus.

A composição da "Árvore da Vida" é um ramalhete de citações breves, singelas, ordenadas e correlacionadas para facilitar a memorização, inflamar a devoção e estimular a piedade dos fiéis.

Ainda se referindo ao título da obra, o autor escreveu no prólogo que a imaginação favorece a compreensão, e que pensou a obra como sendo uma árvore imaginária e idealizada da seguinte forma: no extrato inferior da copa descreve-se a origem e a vida do Salvador; no extrato ou nível médio, fala-se da sua paixão; e, na camada superior, refere-se à sua glorificação. De cada galho da "Árvore da Vida" cresce um único fruto e, misteriosamente, a árvore é composta por doze ramos produzindo doze frutos.

Árvore da Vida e a cruz de Cristo

Ubertino de Casale em 1305, inspirado pelo livro em questão, escreveu sua obra intitulada: *Arbor Vitae Crucifixae Jesu*, obra notável da tradição franciscana. Frei Boaventura não restringe sua obra e sua meditação somente na cruz de Jesus. Para o franciscano, ela tem uma dimensão importante que recorda o sofrimento e a salvação.

Em vários livros, Frei Boaventura escreveu sobre a cruz de Jesus, por exemplo, no sermão da festa de Santo André, onde afirma: "Assim como 'Árvore da Vida' está no meio do paraíso, também no meio da Igreja está a cruz de Cristo, ou Cristo pregado na cruz, e que por ela, dá a vida ao mundo" (Serm. 1). Nessa obra, "Árvore da Vida", não encontramos no centro da reflexão o sofrimento de Jesus, mas, o Amor. Na relação entre o Pai e o Filho há o incondicional amor, a ressurreição e a vida, vida divina, vida eterna.

A Árvore da Vida é Jesus crucificado, a fonte de água viva que jorra do alto da cruz, transforma-se em torrente, em rio forte que irriga toda a Igreja. Se Adão preferiu a árvore da ciência do bem e do mal, a Árvore da Vida, com seus frutos, regenera a humanidade; sacia não somente a fome biológica, pois seus frutos são alimento para o caminho, para a jornada, para a vida que vai na direção da eternidade.

Este escrito de Frei Boaventura é um convite à meditação e ao encontro com a pessoa de Jesus. Ao ler cada capítulo, o leitor se sentirá como que diante de um quadro e, com o olhar contemplativo, poderá admirar e fortalecer seus laços com Jesus. No *Lignum Vitae* é clara a intenção do franciscano que a relação entre o fiel e Jesus cresça e produza frutos.

Que o encontro com Jesus por meio da meditação de sua vida torne aqueles que meditam semelhantes a Ele em suas ações e, sobretudo, na fé reta e direcionada ao Pai. Que os frutos da "Árvore da Vida" sejam provados e sustentem a vida daqueles que buscam e creem em Jesus. Aproxime-se da "Árvore da Vida", colha os frutos, cheire-os e prove-os e, sem dúvida, você também será um rebento dessa árvore.

Frei Gilberto da Silva, OFM

Prólogo

1 – "Com Cristo estou cravado na Cruz" (Gl 2,19).

O verdadeiro adorador de Deus e discípulo de Cristo, desejoso de se conformar perfeitamente com o Salvador do mundo, por ele crucificado, deve, antes de tudo, e com todas as forças da sua alma, procurar carregar consigo a cruz de Cristo, tanto no espírito como no corpo, de maneira que possa sentir em si mesmo realmente a citada frase do Apóstolo. Porém, tão grande afeto e sentimento só merece experimentá-lo vivamente quem, reconhecido e grato pela Paixão do Salvador e recordando-a de contínuo, medita os trabalhos, as dores e o amor de Jesus crucificado com viveza de memória, com tal acume de intelecto e com tal inflamado afeto que possa repetir com verdade o desafogo da Esposa: "Meu amado é para mim como bolsa de mirra" (Ct 1,13).

2 – A fim de que em nós se acenda este afeto, se forme esta meditação, se imprima esta recordação, tratei de juntar esta *bolsa de mirra*, respingando, como em sagrada selva, no santo Evangelho, que trata difusamente da vida, Paixão e glorificação de Jesus Cristo. Entrelacei-lhe umas breves e poucas sentenças, ordenadas e correlativas que facilitem a memória, servindo-me de palavras simples, ordinárias e vulgares para evitar a viciosa curiosidade e a fim de acender a devoção e edificar a piedade dos fiéis.

E já que a imaginação favorece a inteligência, ordenei e dispus as poucas coisas em que vai resumido o amplíssimo argumento numa árvore ideal, da seguinte forma: na primeira ramificação inferior descrevi a origem e a vida do Salvador, no médio a Paixão, e em cima a glorificação.

Na primeira série de ramos vão colocados de uma e outra parte quatro versículos por ordem alfabética; e o mesmo na segunda e terceira ramificação, de cada qual das quais pende, à guisa de fruto, um só broto; e assim os doze ramos oferecem os doze misteriosos frutos da Árvore da Vida (Ap 22,1-2).

3 – Imagina, pois, no íntimo do teu espírito, a árvore sonhada, regada nas raízes pela fonte do manancial perene, fonte que vai crescendo até formar um rio vivo e caudaloso, de quatro canais para regar o paraíso de toda a Igreja. Do tronco da árvore brotem doze ramos com suas folhas, flores e frutas. As folhas sejam medicina universal eficacíssima, preservativa e reparadora de toda espécie de enfermidades: porquanto a palavra da cruz é virtude divina para dar salvação a todo o homem que crê (Rm 1,16). Sejam todas as flores belas da beleza de todas as cores, e fragrantes da suavidade de todos os aromas; e restaurem e atraiam os corações angustiados dos que anseiam e suspiram. E sejam doze os frutos, contendo todo deleite e a doçura de todo sabor, para que, oferecidos aos familiares de Deus, deles comam e se saciem, mas sem nunca se enfastiarem.

A este fruto duodenário corresponde o fruto nascido do seio virginal, que na árvore da cruz chegou à madureza saborosa, pelo calor vivificante do Sol eterno – a caridade de Cristo –, e que agora, no jardim do paraíso celeste – à mesa de Deus – se oferece para ser saboreado por todos quantos o desejem.

4 – Mas, posto que um e indivisível, este fruto nutre as almas devotas, segundo os diversos estados sociais, dignidades, virtudes e obras, com multiformes consolações, reduzíveis a doze, por cujo motivo, não sem razão, o propus e designei de forma que exprima os doze sabores da árvore da vida em outros tantos ramos. O escopo vem a ser o seguinte: no primeiro ramo a alma devota percebe sabor de suavidade, meditando a origem preclara e o doce nascimento de seu Salvador; no segundo ramo, a generosa condescendência e humílima conversação; no terceiro, a altura da virtude perfeita; no quarto, a plenitude da superabundante piedade; no quinto, a confiança que teve na prova da Paixão; no sexto, a paciência que manifestou em meio de tantos ultrajes e excessivas contumélias; no sétimo, a constância que manteve inalterada no doloroso martírio da aspérrima cruz; no oitavo, a vitória obtida na agonia e trânsito da morte; em o nono, a novidade da Ressurreição adornada de maravilhosos dotes; no décimo, a altura sublime da ascensão, derramadora dos carismas espirituais; no décimo primeiro, a equidade do juí-

zo vindouro; no décimo segundo, a eternidade do reino divino.

5 – Chamo-os frutos porque com sua muita suavidade deleitam e com sua eficácia confortam a alma que os medita e com cuidado os considera distintamente cada qual por si, contanto que deteste o exemplo de Adão prevaricador, que preferiu a árvore da ciência do bem e do mal à Árvore da Vida.

Mas não evitará a árvore maldita quem não prefere a fé à razão, a devoção à investigação, a simplicidade à curiosidade, e finalmente a todo sentimento carnal e à toda prudência da carne, a sagrada Cruz de Cristo, pela qual se nutre a caridade do Espírito Santo nos devotos corações, e se diffunde a septiforme graça.

Seguem os capítulos do opúsculo:

1
Do mistério da origem

Fruto I – Claridade da origem
Jesus, gerado por Deus
Jesus, prefigurado

Jesus, enviado do céu

Jesus, nascido de Maria

Fruto II – Humildade da conversão

Jesus, conforme aos Padres

Jesus, mostrado aos Magos

Jesus, obediente às leis

Jesus, expulso do reino.

Fruto III – Altura da virtude

Jesus, batista celestial

Jesus, tentado pelo inimigo

Jesus, admirável em prodígios

Jesus, transfigurado

Fruto IV – Plenitude da piedade

Jesus, Pastor solícito

Jesus, banhado em pranto

Jesus, aclamado rei do mundo

Jesus, pão consagrado

2
Do mistério da Paixão

Fruto V – Confiança nos perigos

Jesus, por traição vendido

Jesus, orando prostrado

Jesus, cercado pela turba

Jesus, aprisionado e amarrado

Fruto VI – Paciência nas injúrias

Jesus, abandonado pelos seus

Jesus, velado o rosto

Jesus, entregue a Pilatos

Jesus, condenado à morte

Fruto VII – Constância nos suplícios

Jesus, por todos desprezado

Jesus, pregado na cruz

Jesus, colocado entre facínoras

Jesus, amargurado com fel

Fruto VIII – Vitória no combate da morte

Jesus, Sol empalidecido pela morte

Jesus, traspassado pela lança

Jesus, banhado em seu sangue

Jesus, sepultado

3
Do mistério da glorificação

Fruto IX – Novidade da Ressurreição

Jesus, morto triunfante

Jesus, ressuscitado glorioso

Jesus, singular formosura

Jesus, imperador do mundo

Fruto X – Sublimidade da Ascensão

Jesus, general do exército

Jesus, elevado ao céu

Jesus, doador do Espírito

Jesus, que absolve os pecados

Fruto XI – Equidade do juízo

Jesus, testemunho verídico

Jesus, juiz irado

Jesus, vencedor magnífico

Jesus, esposo adornado

Fruto XII – Eternidade do Reino

Jesus, rei, filho de rei

Jesus, livro selado

Jesus, raio fontal

Jesus, fim de todos os desejos

Coragem, pois, ó alma devotada a Cristo! Desperta do sono, e todas estas coisas que se dizem de Jesus, examina-as uma por uma com muita diligência, considera-as com muita atenção, e as pondera com tranquilidade.

1

Do mistério da origem

Fruto primeiro – Claridade da origem

Jesus gerado por Deus

1 – Quando ouves que Jesus é gerado por Deus, guarda-te bem de apresentar aos olhos de tua alma qualquer coisa de vil que te provoque pensamentos carnais; antes, com olhar de pomba e de águia, crê simplesmente e contempla sutilmente como daquela eterna luz, imensa e simplíssima, fulgentíssima e sumamente misteriosa, nasce coeterno, coigual e consubstancial esplendor, Aquele que é virtude e sabedoria do Pai, em quem o Pai dispôs todas as coisas desde a eternidade, por quem também fez os séculos (Hb 1,2), governando e dirigindo todas as coisas à sua glória, parte por natureza, parte por graça, parte por justiça, parte

por misericórdia, de maneira que não deixa no mundo coisa alguma sem ordem.

Jesus prefigurado

2 – Já no princípio da criação da natureza, colocados no paraíso os primeiros pais, e dele expulsos pela severidade do decreto divino, por haverem comido do fruto vedado, a soberana misericórdia não diferiu reconduzir ao caminho da penitência o homem extraviado, dando-lhe esperança de perdão na promessa de um Salvador futuro. E a fim de que nem a ignorância ou a ingratidão tornassem ineficaz tamanha condescendência de Deus à nossa salvação, não cessou nas cinco idades deste mundo, de anunciar, prometer, revelar e prefigurar a vinda de seu Filho, por meio dos patriarcas, juízes, sacerdotes, reis e profetas, desde o justo Abel até João Batista, a fim de que, multiplicados no decurso de muitos milhares de tempos e anos os grandes e maravilhosos oráculos, se elevassem as nossas inteligências à fé e se inflamassem os nossos corações em ardentes desejos.

Jesus enviado do céu

3 – Finalmente, chegada a plenitude dos tempos, assim como no sexto dia o homem foi plasmado de terra pelo poder e sabedoria de Deus, assim também no começo da sexta idade, enviado o Arcanjo Gabriel à Virgem e dado pela Virgem o consentimento, desceu sobre ela o Espírito Santo qual fogo divino, inflamando-lhe a mente e santificando sua carne com perfeitíssima pureza. Cobriu-se de sombra também a virtude do Altíssimo, a fim de que ela pudesse suportar tamanho ardor. E, imediatamente, foi formado o corpo e criada a alma, e um e outra juntamente unidos à divindade na pessoa do Filho, de maneira que o mesmo fosse Deus e homem, salvas as propriedades de uma e de outra natureza.

Oh, se pudesses sentir, de alguma maneira, a qualidade e grandeza daquele incêndio, daquele refrigério e daquele deleite infuso do céu! Quão enaltecida foi a Virgem Mãe, quão enobrecido o gênero humano; quanta foi a condescendência da majestade divina!

Oh, se pudesses ouvir os cânticos de júbilo da Virgem, subir com tua Senhora a montanha e contemplar o abraço suavíssimo da estéril Isabel e da Virgem, e aquela íntima saudação em que o pequenino servo reconheceu o Senhor, o arauto reconheceu o juiz, e a voz o Verbo!... Oh, com suavidade e doçura havias de entoar, junto com a Santíssima Virgem, o cântico sagrado do Magnificat e, exultando e jubilando, havias de adorar, como o menino profeta, a maravilhosa Conceição da Virgem!

Jesus nascido de Maria

4 – Quando o quieto silêncio da paz universal, sob o império de César Augusto, veio, enfim, serenar os séculos, antes alterados, e por edito do mesmo se fez o alistamento de todo o orbe, dispo a Divina Providência que José, esposo da Virgem, conduzisse à cidade de Belém a donzela grávida, oriunda de sangue real. E cumpridos já os nove meses da conceição, o rei pacífico, como esposo do seu leito, saiu do seio virginal sem sombra de natural injúria, como havia sido concebido sem mácula.

Ele, sendo grande e rico, por amor de nós se fez pequeno e pobre, quis nascer fora de casa num estábulo, ser envolto em faixas, amamentado com o leite da Virgem e reclinado numa manjedoura entre o boi e jumento. Então "alvoreceu para nós o dia da redenção nova, da reparação antiga, da felicidade eterna; então destilaram mel os céus por todo o mundo"[1].

E agora abraça, minha alma, aquele divino presépio; põe teus lábios nos pés do menino e beija-os com amor. Medita, em seguida, a vigília dos pastores; admira o inúmero exército dos anjos, junta a tua voz às celestes melodias, cantando com o coração e com a boca: "Glória a Deus nas alturas, e paz na terra aos homens de boa vontade!" (Lc 2,14).

Fruto Segundo – Humildade da Conversão

Jesus conforme os Padres

5 – No oitavo dia é circuncidado o Menino e chamado Jesus, apressando-se a derramar o preço de seu sangue para mostrar que é teu verdadeiro Salvador, prometido aos Padres por palavras e figuras e em tudo feito semelhante a eles, salvo a ignorância e o pecado. Por isso

---

1. *Ofício da Natividade do Senhor*, Noturno, 1, Resp. 2.

recebeu o selo da circuncisão, assim como, em sua vinda, apareceu "em carne, semelhante à carne pecadora e por causa do pecado, a fim de condenar na sua carne o pecado" (Rm 8, 3) e fazer-se nossa salvação e justiça sempiterna, começando pela humildade, raiz e guarda de todas as virtudes.

Por que, pois, te ensoberbeces, terra e cinza? O Cordeiro inocente que tira os pecados do mundo, não recua ante o cautério da circuncisão, e tu, sendo pecador, te tens em conta de justo e foges do remédio da salvação eterna, à qual jamais poderás chegar de maneira alguma, se não quiseres seguir a humildade do Salvador.

Jesus, mostrado aos Magos

6 – Nascido o Senhor em Belém de Judá, apareceu uma estrela aos Magos no oriente que os guiou, precedendo-os com seu fulgor, até o albergue do humilde rei.

Não te apartes do brilho daquela estrela que orienta e preanuncia; antes, unindo-te como companheiro aos santos reis, aceita as Escrituras dos judeus, as quais dão testemunho de Cristo, e foge da malícia do rei enganador. Com ouro, incenso e mirra rende tributo de veneração a Cristo Rei, como verdadeiro Deus e verdadeiro homem e, com as primícias dos gentios, que serão chamados à fé, adora, confessa e louva a Deus que jaz humilde no berço, a fim de que, admoestado em sonhos a não imitar a soberba de Herodes, regresses à tua pátria, seguindo os vestígios de Cristo humilde.

Jesus, obediente às leis

7 – Não se contentou o Mestre da perfeita humildade, em tudo igual ao Pai, com sujeitar-se à humílima Virgem; mas submeteu-se ainda à lei para remir os que estavam debaixo da lei e conduzi-los da servidão da corrupção à liberdade gloriosa dos filhos de Deus. Quis, por isso, que também sua Mãe, não obstante sua pureza virginal, cumprisse a lei da purificação; quis Ele mesmo, Redentor de todos, ser resgatado como primogênito, ser apresentado no templo de Deus e que por Ele se oferecesse a hóstia, na presença e para alegria dos justos.

Alegra-te, pois; com o santo velho Simeão e com Ana anciã; sai ao encontro da Mãe e do Menino. O amor vença o teu embaraço e do temor triunfe o afeto. Estreita o Infante em teus braços e exclama: "Possuo-o e não o largarei mais" (Ct 3,4). Exulta como o santíssimo ancião e canta com ele: "Agora, Senhor, despedes em paz o teu servo, segundo a tua Palavra" (Lc 2,29).

Jesus, expulso do reino

8 – Mas, como a humildade perfeita deve estar adornada com o cortejo de mais três outras virtudes, isto é, da pobreza que despreza os bens terrenos, incentivos da soberba; da paciência que sofre equânime os desprezos; e da obediência que docilmente se sujeita às ordens dos outros; daí, pois, é que, quando o ímpio Herodes procura o Menino Rei para o matar, por divina disposição e por conselho mais excelso, Ele, seguindo o oráculo da revelação do céu, como peregrino e pobre se deixa levar ao Egito; e ao mesmo tempo morre com os meninos inocentes massacrados por sua causa, como que degolado em cada um deles. Defunto, enfim, Herodes, por mandato divino é

reconduzido à terra de Judá; e ali, crescendo em idade e graça, vivia com seus pais, e tão sujeito lhes era que nem por um instante deles se apartava, salvo quando, na idade de doze anos, ficou em Jerusalém, onde foi procurado não sem grande dor e finalmente encontrado com imenso júbilo por sua Mãe.

Eia, pois, minha alma, acompanha a Mãe e o Menino em sua fugida para o Egito. Oh, e quão abundantes lágrimas havias de verter, se com piedosos olhos contemplasses a venerável Senhora e graciosíssima donzela, peregrina com o Menino, tão delicado e tão formoso! E se ouvisses ainda aquela doce repreensão da amantíssima Mãe de Deus: "Filho, por que procedeste assim conosco?" Como se dissesse: Filho meu desejadíssimo, como pudeste dar motivo de tamanha dor a tua Mãe, a quem tanto amas e que tanto te ama?

Fruto terceiro – Altura da virtude

Jesus, batista celestial

9 – Chegado o Salvador aos trinta anos de idade e querendo efetuar a nossa salvação, co-

meçou a agir antes de ensinar; e principiando pela porta dos sacramentos e pelo fundamento das virtudes, quis ser batizado por João, para dar-nos exemplo de perfeita justiça e conferir, pelo contato de sua carne puríssima, força regeneradora às águas.

Acompanha-o também tu fielmente; e, uma vez regenerado n'Ele, perscruta os seus segredos, "a fim de que, depois de haver contemplado às margens do Jordão, na voz o Pai, na carne o Filho, na pomba o Espírito Santo, e feito patente a ti o céu da Trindade"[2], sejas elevado até Deus.

Jesus, tentado pelo inimigo

10 – Sabemos que Jesus foi levado pelo Espírito ao deserto para ser tentado pelo demônio e ensinar-nos a sermos humildes na consecução da vitória. Aceitou ainda valorosamente a vida áspera e solitária, para estimular as almas fiéis à empresa da perfeição e encorajá-las a suportar graves labores e amarguras.

---

2. SANTO ANSELMO. *Medit.* 15.

Eia, pois, discípulo de Cristo, com o piedoso Mestre saí a procurar os segredos da solidão, e feito companheiro das feras, do silêncio misterioso, da oração devota, do prolongado jejum, serás imitador e partícipe do tríplice combate com o inimigo astuto, e em todo perigo de tentação aprenderás a recorrer a Jesus, "o qual, provado em todas as coisas à nossa semelhança, à excepção do pecado, é o nosso pontífice, que sabe condoer-se das nossas fraquezas" (Hb 4,15).

Jesus, admirável em prodígios

11 – Em verdade, só Ele é quem opera grandes maravilhas: transmuda os elementos, multiplica os pães, anda por sobre o mar, sossega as ondas, repele e afugenta os demônios, cura os enfermos, purifica os leprosos e ressuscita os mortos. Ele dá vista aos cegos, fala aos mudos, andar aos coxos, movimento aos paralíticos.

Eis porque, como o fiel leproso, a Ele clama a consciência pecadora: "Senhor, se queres, podes tornar-me limpo"; e com o centurião: "Senhor, meu servo jaz paralítico em casa e sofre grandes tormentos"; com a cananeia: "Filho de David, tem piedade de mim"; com a mulher doente: "Se lhe tocar sequer a borda do vestido, serei curada"; com Maria e Marta: "Senhor, eis que está enfermo aquele que amas".

Jesus, transfigurado

12 – Para infundir alento às almas com a esperança do galardão eterno, tomou Jesus consigo Pedro, Tiago e João, e levou-os a um monte, elevado. Ali lhes explicou o mistério da Trindade, predisse-lhes as abjeções da Paixão e mostrou na transfiguração a glória da Ressurreição futura, sendo-lhe testemunhas a Lei e os Profetas na aparição de Moisés e Elias, e testemunhas ainda o Pai e o Espírito Santo na voz e na nuvem; para que, desta sorte confirmada na verdade e sublimada até o cume da virtude, a alma consagrada a Cristo de todo o coração exclame com Pedro: "Senhor, que bom é estarmos aqui", isto é, no gozo sereno de tua contemplação, e arrebatado em doce sonho e êxtase, escutando as misteriosas palavras que não é lícito ao homem pronunciar.

Fruto quarto – Plenitude da piedade

Jesus, Pastor solícito

13 – Quanta fosse a piedosa solicitude do Pastor Divino pelas ovelhas perdidas, quão grande a sua clemência para com elas, declara-o Ele mesmo na parábola da ovelha desgarrada e do pastor que, desamparando as noventa e nove, com amoroso anseio vai à sua procura e, achada, carrega-a cheio de gaudio nos seus ombros. Claríssima é esta metáfora; porém, Jesus manifesta mais expressamente o seu sentido quando diz: "O bom pastor dá a vida pelas suas ovelhas" (Jo 10,11). É Ele o Bom Pastor em que se cumpre verdadeiramente a profecia: "Apascentará seu rebanho como pastor" (Is 40,11).

Para este fim padeceu trabalhos, desvêlos e necessidades; por entre as insídias dos fariseus e muitos perigos, percorria cidades e aldeias, evangelizando sobre o Reino de Deus; passava as noites velando, entregue à oração e, a despeito das murmurações e do escândalo dos fariseus, mostrava-se afável para com os publicanos, afirmando ter vindo ao mundo para curar os enfermos. Aos penitentes manifestava afeto de pai, mostrando-lhes aberto o seio da divina misericórdia. Testemunham-no Matheus, Zaqueu, a pecadora prostrada a seus pés e a mulher surpreendida em adultério.

Imitando Mateus, segue, pois, a este Pastor piedosíssimo; hospeda-o como Zaqueu em tua casa; como a pecadora, unge os seus pés com aromas, lava-os com lágrimas, enxuga-os com teus cabelos e cobre-os com teus ósculos, para que, finalmente, como a mulher entregue a seu juízo, mereças ouvir a sentença de absolvição: "Ninguém te condenou? Nem eu te condenarei. Vai, e não tornes a pecar" (Jo 8,10).

Jesus, banhado em pranto

14 – Para desafogar a ternura de infinita piedade, o Bom Jesus, fonte de toda misericórdia, por nós chorou, e não uma só vez, senão muitas. Primeiramente, perto do tumulo de Lázaro, depois sobre a cidade e, por último, na Cruz, brotaram daqueles piedosíssimos olhos arroios de lágrimas em expiação de todos os pecados. E foi copioso o pranto do Salvador que lamentava já a miséria da fra-

queza humana, já a profunda cegueira dos corações, já a extrema perversidade dos obstinados na malícia.

Ó coração duro, insensato e perverso, digno de seres pranteado como morto para a verdadeira vida enquanto chora por ti a sabedoria do Pai, tu, entre tantas misérias, te divertes e ris? Pensa em teu médico que chora e "toma luto como por um filho único: faze correr como uma torrente as tuas lágrimas de dia e de noite" (Jr 6,26; Tren 2,18).

Jesus, aclamado rei do mundo

15 – Depois da ressurreição de Lázaro, e derramado o unguento do vaso de alabastro sobre a cabeça de Jesus, espalhou-se por entre o povo o odor de sua fama; e prevendo que as turbas haviam de vir ao seu encontro, montou em um jumento para dar-nos exemplo de admirável humildade por entre as aclamações e aplausos das multidões, que cortavam ramos das árvores e lhe atapetavam o passo com suas túnicas. E enquanto as turbas cantavam hinos de louvor, Ele, movido de compaixão, suspirou e chorou sobre a ruína da cidade.

Levanta-te, agora, ó serva do Salvador, e entre as filhas de Jerusalém sai a ver o verdadeiro Rei Salomão na glória que, reverente, lhe tributa sua mãe, a Sinagoga, figura da Igreja nascente. Acompanha o Senhor do céu e da terra, sentado num jumento; segue-o sempre com ramos de oliveiras e palmas, com obras de piedade e triunfos de virtudes.

Jesus, pão consagrado

16 – Se dignos são todos os mistérios da vida de Cristo, é todavia digníssima por excelência a recordação do convívio final da última ceia, onde não apenas se comeu o cordeiro pascal, mas ainda se ofereceu em alimento o Cordeiro Imaculado, que tira os pecados do mundo, sob as aparências de pão que encerra em si todo deleite e a suavidade de todo sabor.

Neste banquete refulgiu maravilhosamente a doçura e a bondade de Cristo, quando ceou a mesma mesa e no mesmo prato com aqueles pobres discípulos e o traidor Judas. Foi estupendo o exemplo de humildade que deu o Rei da Glória ao cingir a toalha e lavar com entranhável afeto os pés a uns pescadores, sem excluir o discípulo aleivoso.

Admirável se revelou sua liberal munificência oferecendo seu corpo sacratíssimo e seu verdadeiro sangue em comida e bebida aos primeiros sacerdotes e, neles, à Igreja e aos homens todos, a fim de que aquele mesmo que, muito em breve, ia ser sacrifício agradável a Deus e preço inestimável de nosso resgate, fosse também nosso viático e sustento.

E resplandeceu de modo prodigioso o excesso de seu amor quando, amando os seus até ao fim, os confortou no bem com aquela exortação dulcíssima; admoestando especialmente a Pedro a perseverar na fé e oferecendo a João o seu peito para lugar de repouso sagrado e jucundo.

Oh, como são admiráveis estas coisas! No entanto, experimenta sua doçura somente a alma que, convidada a tão soberano convívio, corre com todo o ardor de seu espírito e pode cantar com o profeta: "Como o cervo aspira à fonte das águas, assim minha alma anseia por ti, meu Deus" (Sl 41,1).

2

Do mistério da Paixão

Fruto quinto – Confiança nos perigos

Jesus, por traição vendido

17 – À alma que devotamente quer considerar a Paixão de Jesus Cristo, o que se lhe apresenta primeiro é a perfídia do traidor. Repleto estava ele de tanto veneno de fraude que entregou a seu Mestre e Senhor; abrasado em tais chamas de cobiça, por dinheiro vendeu a Deus infinitamente bom; por vil moeda vendeu o sangue preciosíssimo de Cristo; tamanha foi sua ingratidão que perseguiu de morte a quem o havia constituído seu familiar tesoureiro e enaltecido ao excelso grau de apóstolo; tão empedernida a sua dureza que não conseguiram apartá-lo de sua pérfida aleivosia nem a familiaridade da ceia, nem a humilda-

de do lava-pés, nem a suavidade do colóquio! Oh excessiva bondade do Mestre para com o duro discípulo, e do piedoso Patrão para com o mais malvado de seus servos! "Por certo, melhor lhe seria não ter nascido!" (Mt 26,24).

Porém, sendo tão inexplicável a impiedade do traidor, ultrapassa muito mais, infinitamente, a dulcíssima mansidão do Cordeiro de Deus, dado por modelo aos mortais, para que o débil coração humano, traído pela amizade, já não possa mais dizer: "Se esses ultrajes me viessem de um inimigo declarado, com paciência os suportaria" (Sl 54,13); pois eis aqui o homem em que Jesus depositou toda a sua confiança, o homem que parecia ser unânime com o Mestre, seu conselheiro e familiar, o homem que saboreava o pão de Cristo, o homem que na sagrada ceia comeu com Ele os regalados manjares, levantou contra Ele o golpe da iniquidade. E sem embargo..., o mansíssimo Cordeiro, sem dolo nem fraude, na mesma hora da traição não recusou aplicar seus lábios divinos à boca transbordante de malícia, selando-a com ósculo suavíssimo, para dar ao discípulo aleivoso todas as provas de afeto que teriam podido abrandar a dureza do coração mais perverso.

Jesus, orando prostrado

18 – Sabia Jesus todas as coisas que estavam por vir sobre Ele, segundo o arcano de altíssima disposição. E cantado o hino depois da ceia, saiu para o Monte das Oliveiras a orar ao Pai, conforme o seu costume. E, já próximo ao combate da morte, vendo em espírito debandadas e consternadas as suas ovelhas – as ovelhas que o piedoso Pastor abraçava com terno afeto – foi tão horrível na natureza sensível de Cristo a apreensão da morte que chegou a dizer: "Meu Pai, se for possível, afasta de mim este cálice!" (Mt 26,39). Porém, quão grande era a ansiedade que por várias causas acometeu o espírito do Redentor, que o testemunham as gotas do suor de sangue que de todo o seu corpo corriam até ao solo.

"Ó Jesus, Senhor e Dominador, por que em tua alma lutam tanta ansiedade e tantas angustiosas preces? Porventura, não te ofertaste, com toda a tua vontade, em sacrifício ao Pai?"[3].

---

3. SANTO ANSELMO. *Medit.* 9.

Sim, por certo; mas para confirmar nossa fé, em tua humanidade, para robustecer nossa esperança nas horas amargas do sofrimento, para inflamar-nos mais e mais em teu amor, mostraste a natural fraqueza da carne com sinais tão evidentes, dando-nos a entender que verdadeiramente levaste nossas dores e que não sem dó, viva e real, bebeste o cálice amargo da Paixão.

Jesus, rodeado pela turba

19 – Estava, contudo, pronto para a Paixão o espírito de Jesus, como evidentemente se conclui do ocorrido no horto de Getsêmani. Pois como viessem de noite a aprisioná-lo os sicários junto com o discípulo traidor, bem equipados com archotes, lanternas e armas, Ele próprio saiu ao seu encontro e se deixou prender. E para que a humana presunção percebesse que nada podia contra Ele, salvo o que Ele permitisse, com uma só palavra de sua onipotente força arremessou à terra aqueles satélites do inferno.

Porém, nem mesmo aquele mansíssimo Cordeiro deteve a corrente de suas misericórdias, nem aquele favo de mel cessou de destilar sua piedosa doçura; pois, tocando a orelha do atrevido servo, mutilada pelo discípulo, a sarou, e refreou o zelo de seu defensor, já a ponto de arremeter contra os invasores.

Maldito seja o obstinado furor dos malvados, que nem se rendeu ante o milagre da majestade, nem com o benefício da piedade se amansou!

Jesus, aprisionado e amarrado

20 – Mas, quem poderá agora ouvir sem gemidos a maneira como aqueles ferozes soldados puseram suas mãos homicidas no Rei da Glória e ataram as mãos inocentes do doce Jesus, arrastando ao matadouro, ignominiosamente, como a um ladrão, o mansíssimo Cordeiro, que não proferia sequer uma palavra? Que espada de dor penetraria então o coração dos discípulos, ao ver o seu diletíssimo Senhor e Mestre entregue por um condiscípulo, e, atadas as mãos às costas, levado como um facínora à morte, quando o mesmo traidor Judas, arrependido desesperadamente de sua traição, veio a preferir a morte à vida?

Desventurado ele, que não acudiu à fonte da misericórdia implorando perdão; aterrado pela enormidade de seu delito, desesperou!

Fruto sexto – Paciência nas injúrias

Jesus, abandonado pelos seus

21 – Aprisionado o Pastor, dispersaram-se as ovelhas. Encarcerado o Mestre, fugiram os discípulos. Só Pedro, como o mais fiel, o seguiu de longe até o átrio do príncipe dos sacerdotes onde, diante de uma criada, negou por juramento e repetiu por três vezes que não conhecia a Jesus. Cantou, então, o galo, e o piedoso Mestre feriu o discípulo predileto com um olhar de comiseração e graça. Pedro compreendeu e, saindo fora, chorou amargamente.

Ó tu, quem quer que sejas, que ante instâncias da má serva de tua carne negaste descaradamente, quer com a vontade quer por obras, a Cristo por ti apaixonado, lembra-te da Paixão do Mestre diletíssimo e, indo para fora, pranteia-te a ti mesmo, para que Jesus te mire com os mesmos olhos que a Pedro quando chorava. Seja duplo o teu pranto, um de compunção por ti, outro de compaixão a Cristo. Enebria-te de absinto, para que, purificado com Pedro da culpa do pecado, mereças com Pedro receber o espírito de santidade.

Jesus, velado o rosto

22 – O nosso pontífice Jesus Cristo, apresentado aos pontífices malignos reunidos em conciliábulo, como desse testemunho da verdade confessando ser Filho de Deus, foi declarado réu de morte por blasfemo e submetido a inumeráveis ultrajes. Aquele vulto venerável aos anciãos, desejo dos anjos, alegria dos céus, é manchado pelas salivas de lábios imundos, ferido por mãos ímpias e sacrílegas, coberto como um véu por escárnios. O Senhor de tudo quanto foi criado é esbofeteado, qual vil escravo. E Ele, com rosto placidíssimo e voz humilde, docemente se queixou a um dos carrascos do pontífice, que o feriam, dizendo: "Se falei mal, mostra-me onde; mas, se falei bem, por que me bates?" (Jo 18,23).

Ó Jesus, sincero e piedoso, que alma devota, vendo e ouvindo tais coisas, poderá conter as lágrimas e ocultar a dor de seu coração?

Jesus, entregue a Pilatos

23 – Horrenda impiedade dos judeus, ainda não farta de injúrias! Bradando de raiva bestial, apresentam ao juiz ímpio a alma do justo, para que, qual cão raivoso, a devorasse.

Conduziram, pois, os pontífices a Jesus amarrado ante Pilatos, insistindo para que fosse cominado o suplício da cruz àquele que estava isento de todo pecado. E Ele, como cordeiro diante de quem o tosquia, permanecia de pé perante o juiz, manso e calado, enquanto acusadores falsos e ímpios, com um cúmulo de delitos inventados, com grandes clamores exigem a morte do autor da vida e a liberdade ao ladrão homicida e revolucionário, preferindo, loucos e ímpios, o lobo ao cordeiro, a morte à vida, as trevas à luz.

Ó doce Jesus, quem será tão duro aos gritos horríveis: "Fora! Fora com ele! Crucifica-o!" Que possa ouvi-los ou meditá-los sem gemidos nem protestos?

Jesus, condenado à morte

24 – Mas, embora soubesse Pilatos que a nação judia se colocava contra Jesus mais

por zelo de inveja que por justiça; embora declarasse não haver achado nele a menor causa de morte, vencido enfim por respeito humano, encheu de amargura a alma de Jesus, e o enviou a Herodes, submetendo o piedosíssimo Rei ao juízo do cruel tirano. Herodes o escarneceu e o remeteu a Pilatos que, com providência desumana, ordenou que comparecesse desnudado em presença dos carrascos e que com atrocíssimos açoites, feros algozes desgarrassem suas cândidas carnes virginais, acrescentando chagas e chagas, contusões e contusões. Corria o sangue preciosíssimo pelas espáduas sacratíssimas do jovem inocente e amorosíssimo. E não se havia encontrado nele a mais ligeira culpa!

E tu, homem perverso, causa que és de tantas feridas e injúrias, tu não choras? Vê o inocentíssimo Cordeiro que, a fim de te livrar da justa sentença de condenação, quis por amor de ti ser condenado contra toda justiça. Ele restitui o que tu roubaste; e tu, minha alma, perversa e sem entranhas, não pagas a gratidão do devotamento, nem devolves o afeto da compaixão!

Fruto sétimo – Constância nos suplícios

Jesus, por todos desprezado

25 – Pilatos, para satisfazer aos inimigos de Jesus; pronunciou a sentença condenatória.

Mas não bastou àqueles sacrílegos soldados crucificar o Salvador; quiseram primeiro cumular de opróbrios a sua bendita alma.

Reunida, pois, no pretório toda a corte, desnudaram-no, lançaram lhe aos ombros uma túnica escarlate e um manto de púrpura; tecendo, em seguida, uma coroa de espinhos puseram na sobre a sua cabeça e puseram uma cana na sua mão direita, à guisa de cetro, e como a um rei de zombarias, dobravam os joelhos diante dele; davam-lhe bofetadas; cuspiam nele e com a cana feriam sua sagrada cabeça.

Soberba do coração humano, que foges dos desprezos e aspiras às honras, atende e considera: quem é este que vem, tendo a fisionomia de rei e é, contudo, escarnecido como o ínfimo dos escravos? É teu rei e teu Deus, tratado como leproso e refugo da humanidade, a fim de libertar a ti da eterna confusão e sarar-

-te da peste da soberba. Mil vezes ai daqueles soberbos que, depois de tão preclaro espelho de humildade, todavia se ensoberbecem como que zombando de novo do Filho de Deus, que tanto mais digno de ser reverenciado pelos homens, quanto maiores foram os ultrajes que pelos homens sofreu.

Jesus, pregado na cruz

26 – Fartos, finalmente, de insultos e zombarias aqueles malvados, nosso mansíssimo rei vestiu novamente suas vestiduras, das quais será outra vez despojado. E com a cruz sobre os ombros, é conduzido ao Calvário. Ali, de todo desnudado, cingido somente aos rins com um vil sudário, é arrojado com fúria sobre o lenho da cruz, estendido, estirado, traspassado e cravado na cruz com pregos, feito todo em chaga seu corpo. Suas vestes, divididas em pedaços, são repartidas como despojos, com excepção da túnica que era sem costura, atribuída por sorteio a um só.

Contempla agora, minha alma; como Aquele, que é Deus bendito acima de todas as coisas, desde a planta dos pés até a cabeça, se vê submergido no mar da paixão, recebendo em sua alma todo o golpe das suas águas, a fim de salvar-te das ondas das paixões. Coroado de espinhos, curvado sob o peso da cruz, carregando sobre si mesmo o madeiro da própria ignomínia, é conduzido ao lugar do suplício, despojado de suas vestes, a fim de que, pelas contusões e lacerações impressas em suas espáduas e nas costas pelos açoites, apareça como um leproso; e em seguida, de parte a parte atravessado pelos pregos, se te mostra teu Amado desfeito em feridas e tudo para te sarar.

"Quem me dera que voasse a minha súplica, e Deus me concedesse o que desejo?" (Jó 6,8). Quisera ser traspassado todo, na alma e na carne, quisera ser crucificado com meu Amor.

Jesus, posto por entre ladrões

27 – Para maior confusão, ignomínia, desonra e dor, o inocente Cordeiro é crucificado fora da cidade, no lugar dos malfeitores, em dia de festa, à hora meridiana, no meio de ladrões, levantado ao alto para espetáculo de todos, entre os prantos dos amigos e os insultos

dos adversários. Os que passavam, meneavam a cabeça, e os presentes o escarneciam dizendo que a outros salvou ao passo que salvar-se a si mesmo não podia. De tais escárnios nem sequer se absteve um dos ladrões.

Entretanto, o mansíssimo Cordeiro orava ternamente ao Pai pelos que o crucificavam e escarneciam, e com caridade maravilhosa prometia o paraíso ao outro ladrão que o confessava e suplicava. Oh! Palavra cheia de doçura e perdão: "Pai, perdoai-lhes!" Oh! Palavra cheia de amor e graça: "hoje estarás comigo no Paraíso".

Respira já com a esperança do perdão, ó alma, por pecadora que sejas, contanto que sigas as pegadas do paciente Senhor, teu Deus,

> que em meio de seus tormentos nem uma só vez descerrou seus lábios para exalar uma queixa, nem proferir uma palavra de escusa, de ameaça ou de maldição contra aqueles cães malditos. Disse, ao contrário, o que jamais haviam ouvido os séculos: palavras de benção a seus próprios inimigos[4].

---

4. SANTO ANSELMO. *Medit.* 9.

Exclama, pois, com inteira confiança: "Piedade, meu Deus, piedade e misericórdia, pois em ti confia minha alma" (Sl 56,2). Oxalá mereces, como o ladrão, ouvir no transe da morte: Hoje estarás comigo no Paraíso!

Jesus, amargurado com fel

28 – Depois disto, sabendo Jesus que tudo estava consumado, para dar cumprimento à Escritura, disse: "Tenho sede". Chegaram-lhe então à boca uma esponja ensopada em vinagre e fel – segundo testemunho de S. João, presente à cena – e acrescentou: "Está tudo consumado"; como se no gosto daquele vinagre e fel consistisse a suma plenitude da Paixão...

Adão prevaricador ocasionou nossa ruína comendo o fruto suave da árvore proibida; e assim foi oportuno e conveniente achar remédio à nossa saúde por via oposta: o amargo contra o doce. Mais ainda, assim como em todos os seus membros se cravavam à porfia as sutis setas da dor, que atormentavam seu espírito, era também conveniente que não ficassem sem alguma pena a boca e a língua, veículos do alimento e da palavra. E desta sorte se cumpria no nosso médico o dito do profeta: "Cumulou-me de amargura, embriagou-me de tristezas" (Lm 3,15). E devia ainda cumprir-se na dulcíssima e amorosíssima Mãe aquela outra profecia: "Pôs-me desolada, consumida de tristeza todo o dia" (Lm 1,13).

E agora, que língua será capaz de dizer, ou que entendimento de compreender, ó Virgem Santa, a imensidade de tuas desolações? Presente a todos esses martírios, participando de todos eles, viste com teus próprios olhos aquela carne bendita e santa, que virginalmente concebeste, ternamente nutriste e tantas vezes reclinaste em teu seio; viste-a, digo, dilacerada pelos açoites, perfurada por penetrantes espinhos. Viste-a ora ferida com a cana, ora injuriada a socos e bofetadas, ora traspassada com pregos, e então pendente do madeiro da cruz, mais e mais rasgada com seu próprio peso, exposta a todos os escárnios e enfim amargurada com fel e vinagre.

E viste a alma! Viste com os olhos do espírito aquela alma diviníssima, repleta do fel de todas as amarguras, ora sacudida por estremecimentos espirituais, ora cheia de pavor, ora agonizante, angustiada, perturbada, abatida pela tristeza e pela dor, em parte pelo ardente zelo de reparar a divina honra, violada pelo pecado, em parte pela afetuosa comiseração de nossas, misérias, em parte pela compaixão de ti, sua dulcíssima Mãe, quando, dilacerado até ao fundo do coração, vendo-te presente, lançou-te um olhar de piedade e aquela doce despedida: "Mulher, eis aí o teu filho", para consolo de tua alma angustiada, pois conhecia que tu eras traspassada pela espada da compaixão, mais fortemente que si foras ferida em teu próprio corpo.

Fruto oitavo – Vitória no combate da morte

Jesus, Sol empalidecido pela morte

29 – Por último, havendo permanecido o inocente Cordeiro, verdadeiro Sol de Justiça, pendente na cruz por espaço de três horas, enquanto o sol visível eclipsava os raios de sua luz por piedade do seu Criador, cumpridas já todas as coisas, se extinguiu, à hora nona, a fonte mesma da vida, quando Jesus, Deus e homem,

com grande clamor e lágrimas para manifestar seu amor misericordioso e declarar o poder da Divindade, encomendando seu espírito nas mãos do Pai; expirou.

Então se rasgou de alto a baixo o véu do templo, tremeu a terra, partiram-se os rochedos e abriram-se os sepulcros (cf. Mt 27,51). Então o próprio centurião reconheceu que Jesus era Deus. Então os que haviam acorrido como a um espetáculo de festa, iam embora e batiam no peito. Então o mais belo dos filhos dos homens, obnubilados os olhos e as faces pálidas, parecia o mais disforme dos homens, feito holocausto de suavíssimo odor em acatamento da glória do Pai, para apartar de nós a sua cólera.

Volve, pois, os olhos, ó Senhor, desde o teu santuário, da altíssima morada dos céus: olha a face do teu Cristo; vê a sacratíssima vítima que por nossos pecados te oferta o nosso pontífice, e "aplaca-te sobre a maldade de teu povo" (Ex 32,12).

E tu também, homem remido, tu também consideras quem, qual e quão grande é este que está pendente da cruz por ti. Sua morte ressuscita os mortos; seu trânsito, choram-no os céus e a terra, e as próprias pedras, como que movidas de compaixão natural, se rasgam. Ó coração humano, mais duro és do que elas, se com a memória de tal vítima, nem o temor te espanta, nem a compaixão te move, nem a compunção te aflige, nem a piedade te abranda.

Jesus, traspassado pela lança

30 – Para que do lado de Cristo, adormecido na Cruz, se formasse a Igreja, e se cumprisse a Escritura que diz: "Contemplarão aquele que traspassaram" (Jo 19,37), um dos soldados o feriu com uma lança e lhe abriu o lado. Permitiu-o assim a divina providência, a fim de que, brotando da ferida sangue e água, se derramasse o preço de nossa salvação o qual, manando do arcano do Coração, desse aos sacramentos da Igreja virtude de conferir a vida da graça, e fosse, para os que vivem em Cristo, a taça aplicada à fonte viva que jorra para a vida eterna. É esta aquela lança do pérfido Saul – ou seja o reprovado povo judaico – que, errando o golpe, se cravou por divina misericórdia na parede, e abriu

um furo na pedra e uma cavidade no muro. É esta a fonte que mana no meio do Paraíso e, dividida em quatro rios, derramados nos corações devotos, rega e fecunda toda a terra.

Jesus, banhado em seu sangue

31 – Cristo Senhor nosso, banhado em seu próprio sangue, profusamente vertido no Getsêmani, na flagelação, pelos espinhos, pelos cravos e pela lança, a fim de que fosse copiosa a redenção no acatamento de Deus, teve ensanguentada a sua veste de pontífice. "Rubra é sua roupa e suas vestiduras como dos que pisam as uvas no lagar" (Is 63,2). Sua túnica, como a de José, na antiga cisterna, tingida foi no sangue do cabrito, pela "semelhança da carne do pecado" (Rm 8,3) e apresentada ao Pai para reconhecê-la.

> Reconhece, ó clementíssimo Pai, a túnica do teu predileto filho José. Devorou-o, qual péssima fera, a inveja de seus irmãos segundo a carne; calcou em seu furor os seus vestidos e os tingiu em sangue; abriu em sua túnica cinco lastimosos furos. É esta, Senhor, a vestidura que deixou nas mãos da perversa mulher egípcia o inocente jovem, querendo antes descer des-

nudado do manto da carne, ao cárcere da morte do que ceder às solicitações da plebe adúltera, e tornar-se grande no mundo[5].

Porque "em lugar do gozo que se lhe oferecia, abraçou a cruz, desprezando a ignomínia" (Hb 12,2).

E tu, ó misericordiosíssima Senhora minha, olha também aquela sagrada veste de teu amado Filho, tecida em teus castíssimos membros por divina arte do Espírito Santo, e junto com Ele intercede por nós que recorremos a ti, para que mereçamos escapar da ira vindoura!

Jesus, sepultado

Por último, veio o nobre José de Arimateia e, obtida licença de Pilatos, descendo com Nicodemos da cruz o Corpo de Cristo, o embalsamou com aromas, envolveu-o em uma mortalha e com muita reverência o sepultou num monumento novo, que estava aberto no rochedo do jardim contíguo. Sepultado o Senhor e confiada a guarda do sepulcro aos soldados, aquelas devotas e santas mulheres que o haviam seguido em vida, e querendo servir-lhe

---

5. SANTO ANSELMO. *Medit.* 9.

devotamente ainda depois de morto, compraram unguentos para ungir seu sacratíssimo Corpo. Entre estas, Maria Magdalena ardia em tais incêndios de amor, sentia tanta doçura de piedade e era arrastada com tão fortes cadeias de caridade que, esquecida da fragilidade do seu sexo, sem medo da escuridão da noite, nem do rancor dos seus perseguidores, quis visitar o sepulcro. E estava fora, banhando com suas lágrimas o monumento. Partiram os discípulos; ela não partiu: abrasada em divinos ardores, incendiada em indizíveis saudades, ferida de impaciente amor, não sabia senão chorar. Teria podido desabafar deveras seu coração como o Profeta: "Foram meu pão as minhas lágrimas dia e noite, enquanto me perguntam: onde está o teu Deus?" (Sl 41,4).

Ó meu Deus, meu bom Jesus, embora indigno e sem nenhum merecimento, outorga-me a graça de, já que então não mereci achar-me presente com o corpo, me ache agora, pela devota consideração, e experimente aqueles mesmos afetos de compaixão de um Deus crucificado e morto por mim, que sentiram a inocente Mãe e Magdalena penitente na hora de tua Paixão!

3

Mistério da glorificação

Fruto nono – Novidade da Ressurreição

Jesus, morto triunfante

33 – Terminada a luta da Paixão, quando o feroz dragão e o leão furioso se lisonjeavam de haver alcançado a vitória sobre o Cordeiro porque morto, começou a resplandecer na alma que descia aos infernos, o poder da Divindade. O nosso Leão fortíssimo da tribo de Judá, surgindo contra o forte armado, arrebatou-lhe das suas garras a presa. Quebrantadas as portas do inferno e amarrada a serpente, "espoliou os principados e as potestades, arrastando-os ao pelourinho, em marcha triunfal" (Cl 2,15)[6]. "Sacudiu fora o

---

6. Alude o apóstolo nestas expressões ao costume dos antigos generais que levavam consigo os prisioneiros do exército

Leviatã e lhe perfurou a maxila" (Jó 40,20); pois esse que havia acometido a cabeça, sem ter direito a ela, devia perder ainda o que parecia ter sobre os membros. Então o verdadeiro Sansão, morrendo, deixou desbaratado no campo o exército inimigo. Então o Cordeiro imaculado, com o sangue do seu testamento, tirou os presos do lago desértico. Então, aos que habitavam a tenebrosa região da morte, alvoreceram os claríssimos raios da nova luz, há tanto tempo suspirada.

Jesus, Ressuscitado glorioso

34 – Ao raiar o terceiro dia do sagrado descanso do Senhor no sepulcro, Ele que, no ciclo dos dias é o primeiro e o último, Cristo, virtude e sabedoria do Pai, derrotado o autor da morte, venceu a mesma morte. E ressuscitando dentre os mortos por força divina, abriu-nos as portas da eternidade e nos mostrou os caminhos da vida. Então se sentiu um grande terremoto e o Anjo do Senhor, com vestes brancas como neve e de aspecto cândido e fulgurante,

---

vencido, para que servissem de espetáculo ao povo e dessem maior realce às vitórias.

desceu do céu e apareceu, doce às almas piedosas, severo aos malvados. Por isso aterrou os imprudentes soldados e confortou às tímidas mulheres, as quais o mesmo Senhor Ressuscitado apareceu antes que aos demais, porque tal favor merecia o afeto de sua intensa piedade. Sucessivamente foi visto por Pedro, pelos discípulos de caminho a Emaús, pelos apóstolos reunidos estando ausente Tomé, e em seguida também por Tomé, a quem se mostrou para que lhe tocasse, e ele exclamou com fé: "Meu Senhor e meu Deus!"

Assim, por quarenta dias apareceu em muitas formas, comendo e bebendo com eles, nos iluminou na fé com seus argumentos, nos elevou à esperança com suas promessas para, destarte, com seus dons celestes nos inflamar no amor.

Jesus, singular beleza

35 – Assim, a belíssima flor do tronco de Jessé, que na Encarnação se abriu, e na Paixão murchou, na Ressurreição tornou a florescer para ser a formosura de todos. Aquele corpo gloriosíssimo, sutil, ágil e imortal, foi revestido

de um resplendor de claridade mais coruscante que o sol, modelo exemplar que é da beleza dos corpos humanos na futura ressurreição. Deles disse o mesmo Senhor: "Os justos resplandecerão como o sol, no reino de seu Pai" (Mt 22,43); este fulgor é a bem-aventurança sempiterna. E se cada justo resplandecerá como um sol, quão grande – dize-me – será o resplendor do próprio Sol de justiça? Tão grande – digo eu – que, comparado à luz, mais belo é que o sol e acima das constelações dos astros; e assim será reputado como a beleza soberana.

Bem-aventurados os olhos que já o viram! Mas ditoso serás também tu se um resto de tua estirpe logra contemplar tão desejada luz, dentro e fora claríssima.

Jesus, imperador do mundo

36 – Reapareceu Jesus aos discípulos na Galileia e lhes declarou haver recebido do Pai todo poder no céu e na terra. Por isso os enviou por todo o mundo a pregar o Evangelho a toda criatura, prometendo a salvação aos que cressem, e ameaçando com a reprovação os incrédulos. Cooperava o Senhor confirmando

sua pregação com os milagres que a acompanhavam. Em virtude do nome de Jesus, curavam as enfermidades e exerciam poder sobre todas as criaturas, com o que manifestavam aos séculos vindouros a verdade de que Jesus Cristo, Filho do grande Rei, novo José e verdadeiro Salvador, vive e domina não somente na terra do Egito, mas ainda

> em todos os senhorios do Rei eterno, por cuja soberana vontade, libertado do cárcere da morte e do interno, trocou a veste da carne pela formosura da imortalidade, e como verdadeiro Moisés, salvado das águas da mortalidade, enervou e enfraqueceu o império do Faraó[7].

A tão alta honra foi elevado, que "a seu nome se dobra todo o joelho no céu, na terra e no inferno" (Fl 2,10).

Fruto décimo – Sublimidade da Ascensão

Jesus, general do exército

37 – Quarenta dias depois da Ressurreição do Senhor, não sem mistério, propriamente no

---
7. SANTO ANSELMO. *Medit.* 9.

quadragésimo dia, havendo comido em companhia de seus discípulos, o bondoso Mestre subiu ao Monte das Oliveiras, e, na presença deles, com as mãos ao alto, se elevou ao céu. Envolveu-o uma nuvem, enquanto subia, e o ocultou aos olhos dos homens.

Desta maneira, subindo ao alto, conduziu cativa a escravidão, e abriu a porta do céu; aos seus seguidores traçou o caminho e introduziu os exilados em seu Reino, fazendo-os concidadãos dos anjos e familiares da casa de Deus. Reparou, destarte, as ruínas angélicas; aumentou a glória do Pai e mostrou ser o triunfador e Senhor dos exércitos.

Jesus, elevado ao céu

38 – Por entre os cânticos dos anjos e transportes de júbilo dos santos, o Deus e Senhor dos anjos e dos homens subiu aos céus, dos céus; voou sobre as asas dos ventos, velocíssimo, maravilhoso, potente e assentou-se à direita do Pai, feito tão superior aos anjos quanto o nome que herdou excede o deles.

Ali está, eternamente, apresentando-se agora como intercessor nosso ante à face do benigníssimo Pai. Convinha que tal fosse o nosso pontífice: santo, irrepreensível, impoluto, segregado dos pecadores, mais excelso que os céus; o qual, sentado à direita da Majestade, mostrasse à face da glória do Pai as cicatrizes das feridas que por nós recebeu.

"Graças, ó Senhor e Pai, te dê toda língua pela dádiva inefável de tua liberalíssima caridade. Não poupaste ao Filho Único de teu coração, mas por amor a nós o entregaste à morte, a fim de que tivéssemos, no céu, perto de ti, tão grande e tão fiel Advogado"[8].

Jesus, doador do Espírito

39 – Transcorridas sete semanas desde a Ressurreição, no quinquagésimo dia, estando reunidos os discípulos com as santas mulheres e Maria, Mãe de Jesus, de repente veio do céu um ruído semelhante ao soprar de impetuoso vendaval e sobre as cento e vinte pessoas congregadas desceu o Espírito Santo em forma de línguas de fogo, para dar palavra aos lábios, luz ao entendimento e ardor ao afeto.

---
8. SANTO ANSELMO. *Medit.* 9.

Encheram-se todos do Espírito Santo e começaram a falar em várias línguas conforme lhes ditava a inspiração do mesmo Espírito, o qual os amestrou em toda verdade, os acendeu em todo santo amor e os confirmou em todas as virtudes; de maneira que ajudados por sua Divina Graça, iluminados por sua doutrina e robustecidos por seu poder, apesar de serem eles tão poucos e simples – parte com palavras de fogo, parte com exemplos de santidade, parte com estupendos prodígios – plantaram por todo o mundo a Igreja com seu sangue; a qual, purificada, iluminada e aperfeiçoada pela virtude do mesmo Espírito Santo, tornou-se amável ao Esposo e seus paraninfos, por sua grande formosura e a admirável variedade que a circunda; porém terrível a Satanás e seus asseclas qual um exército de esquadrões bem ordenado.

Jesus, que absolve os pecados

40 – Nesta Santa Igreja, pelo mundo todo derramada em muitas formas e uniformemente unida por obra portentosa do Espírito Santo, só preside Cristo pontífice, como supremo hie-

rarca; o qual, com ordem estupenda dispensa nela, como na Cidade Celeste, as dignidades e ofícios e distribui os dons e carismas; porque destinou uns para apóstolos, outros para profetas, outros para arautos do Evangelho, ou para pastores e mestres; a fim de aperfeiçoarem os santos para o desempenho de seu ministério, em ordem a edificar o Corpo de Cristo (Ef 4,11-12).

Segundo a graça septiforme do Espírito Santo deu ainda, como outros tantos remédios das enfermidades, os sete Sacramentos, por cuja administração confere a Graça Santificante e perdoa os pecados, que nunca se perdoam senão na fé e adesão perfeita à mesma Santa Madre Igreja. E já que é no fogo das tribulações que se purgam os pecados, e assim como Deus expôs a Cristo, Cabeça da Igreja, às ondas da Paixão, assim também permite que a Igreja, para prova e purificação, seja atribulada até o fim dos séculos. Assim os patriarcas, assim os profetas, assim os apóstolos, assim os mártires, confessores e virgens e todos quantos agradaram a Deus, passaram fiéis por muitas tribulações, e assim passarão, até o dia do juízo todos os membros eleitos de Cristo.

Fruto décimo primeiro – Equidade do juízo

Jesus, testemunho verídico

41 – Chegado o tempo do juízo futuro, no qual Deus há de julgar os segredos dos corações, precederá o fogo ante a face do Juiz, serão enviados os anjos, ao som vibrante da trombeta, e ajuntarão os escolhidos dos quatro pontos cardeais, de uma extremidade do céu à outra. À voz do divino apelo todos os mortos surgirão de seus sepulcros e todos comparecerão perante o tribunal do Juiz. Então se fará luz nas densas trevas e se manifestarão os desígnios dos corações; então serão abertos os livros das consciências, e abrir-se-á também o *Livro* chamado *da vida*. Com isto, num instante e duma vez, os segredos de cada um serão descortinados a todos com inteira claridade e certeza, de maneira que, contra a testemunha da verdade que fala em Cristo e contra as contestações das consciências individuais, não haverá lugar para escusas, apelações, defesas nem subterfúgios, mas cada um receberá em correspondência com suas obras.

"Forçoso nos é, pois, sermos bons; porquanto as nossas ações se desenrolam em presença do Juiz que tudo vê"[9].

Jesus, juiz irado

42 – Aparecendo então nas nuvens o sinal do onipotente Filho de Deus; e comovidas as forças do céu, entre o horrível fragor do mundial incêndio na conflagração do orbe, colocados os justos à direita e os ímpios à esquerda, o Juiz do universo vibrará os raios de sua cólera contra os réprobos. "E gritarão aos montes e aos rochedos: caí sobre nós e ocultai-nos dos olhos de quem está sentado no trono, e da ira do Cordeiro" (Ap 6,16).

> Tomará por couraça a justiça, e por capacete a inteireza do seu juízo. Embraçará a equidade como escudo inexpugnável; afiará a sua ira inflexível como uma lança, e todo o universo pelejará da parte dele contra os insensatos (Sb 5).

---

9. BOÉCIO. *V de Cons.* prosa 6.

Pois esses que combateram contra o Criador de todas as coisas, agora, por justo juízo de Deus, serão guerreados por todas as criaturas.

> Então aparecerá no alto o Juiz irado; embaixo, o horrendo caos, o inferno aberto. À direita, os pecados que acusam; à esquerda, infinitos demônios. Desta sorte, preso o pecador, onde se refugiará? Esconder-se, impossível; comparecer, insuportável. Se o justo mal se salva, onde irá parar o ímpio, o pecador?[10]

Ó Senhor, não entres em juízo com teu servo!

Jesus, vencedor magnífico

43 – Pronunciada contra os réprobos a sentença de que sejam queimados em fogo eterno; e atados como em molhos todos os inimigos de Cristo, a onipotente virtude de Deus entregará às vorazes chamas espíritos e corpos, os quais, sem jamais se consumir, arderão e padecerão eternamente; e a fumaça de seus tormentos subirá pelos séculos dos séculos. O animal e o falso profeta e todos

---

10. SANTO ANSELMO. *Medit. 2.*

quantos a ele se assemelham, serão lançados ao tanque de fogo e enxofre, preparado para o demônio e seus companheiros. E os escolhidos sairão a considerar os cadáveres dos últimos mortos, não de morte natural, mas de castigo. Então os justos lavarão as mãos no sangue dos pecadores. E então, finalmente, o vitoriosíssimo Cordeiro porá seus inimigos por escabelo de seus pés. E os ímpios, caindo no abismo, serão passados a fio de espada, para pasto das raposas, isto é, dos demônios fraudulentos que os seduziram.

Jesus, esposo adornado

44 – Renovada e purificada então a face do mundo, a luz da lua será como a do sol, e a luz do sol multiplicada por sete, como luz de sete dias; e a Cidade Santa, a Nova Jerusalém, que descerá do céu qual esposa adornada para as núpcias do Cordeiro e ricamente vestida, será introduzida no palácio da corte celeste; e penetrando no sagrado e arcano leito nupcial, se unirá ao celestial Cordeiro em pacto de indissolúvel amor tão estreito, que esposa e Esposo serão espiritualmente uma

mesma coisa. Cristo vestirá a beleza de todos os escolhidos, qual túnica de várias cores; e o ornato terá guarnições refulgentes, cravejado de toda casta de pedras preciosas. E ressoará o doce hino nupcial, e por todas as ruas de Jerusalém cantarão Aleluia. Preparadas as virgens prudentes, entrarão com o Esposo na sala das núpcias e, cerrada a porta, tomarão assento na mansão formosa da paz, nas tendas seguras e no repouso opulento.

Fruto décimo segundo – Eternidade do Reino

Jesus, rei, filho de rei

45 – A glória e nobreza do Reino eterno de Deus há-se de avaliar pela grandeza do Soberano, já que o rei não depende do reino, senão que o reino deriva do rei.

Na veste e no lado, o nosso Monarca leva escrito: "Rei dos reis, e Senhor dos senhores". Eterno é seu poder; o cetro jamais lhe será arrebatado, nem seu reino será destruído; tribos, povos e línguas lhe servirão para sempre.

Ele é o Rei pacífico, cujo rosto desejam contemplar os céus e a terra.

Oh! Quão glorioso é o reino deste rei excelentíssimo, no qual com Ele reinam todos os justos! São suas leis: verdade, paz, caridade, vida, imortalidade. Não o divide a pluralidade dos reinantes, nem o míngua a participação dos governantes. Não lhe causa confusão a numerosidade, nem o desordenam as desigualdades; não está circunscrito geograficamente. Não o transmudam revoluções. Não o mede o tempo.

Jesus, livro selado

46 – Porém, para a glória perfeita de um reino não basta um poder excelente; mister é também sabedoria iluminada, a fim de que o leme do Estado não se reja pelo arbítrio de uma vontade indecisa, e sim pelo fulgor das leis eternas, emanantes da luz de uma sabedoria que não sofre engano.

Esta eterna sabedoria escrita está no livro da vida, Cristo Jesus, em quem Deus Pai escondeu todos os tesouros da sabedoria e da ciência. Por isso o Unigênito de Deus, como Verbo incriado, é o Livro da Sabedoria, e na mente do Sumo Artífice a Luz cheia de razões vivas e eternas; como Verbo inspirado se irradia nas inteligências dos anjos e bem-aventurados; como Verbo incarnado alumia as almas ligadas à carne. E assim, a multiforme Sabedoria de Deus, dele e nele reverbera por todo o reino, como de um espelho compreensivo de toda espécie e de toda a luz, e como um livro onde, segundo os profundos arcanos de Deus, se encontram descritas todas as coisas.

Oxalá pudesse eu achar este Livro, cuja origem é eterna; sua essência, incorruptível; seu conhecimento, vida; sua escritura, indelével; sua meditação, desejável; fácil, sua doutrina; doce, sua ciência; inescrutável, sua profundidade; inefáveis, suas palavras; este Livro cujas palavras são no fundo um só Verbo. Em verdade, quem acha este Livro, achará a vida e alcançará do Senhor a salvação.

Jesus, raio fontal

47 – Neste Reino eterno toda dádiva excelente e todo dom perfeito descende em gran-

de opulência, do Pai das Luzes, e em grande abundância provém daquele que é e raio essencial, Cristo Jesus, que, sendo um com o Pai, pode todas as coisas; e sendo imutável em si, tudo renova. Ele é emanação sincera de claridade da força onipotente de Deus, e por isso nada de manchado pode mesclar-se com este raio fontal.

Corre com vivas ânsias a esta fonte de vida e de luz, quem quer que sejas, ó alma a Deus consagrada, e com toda a força do coração exclama:

> Ó beleza inacessível de Deus Altíssimo! Ó resplendor puríssimo da eterna Luz! Ó Vida que toda vida vivificas! Ó Luz que toda luz ilumina e em perpétuo esplendor milhares de luzes conservas que desde a primeira aurora fulguram ante o trono de tua Divindade! Ó eterno e inacessível, claro e doce manancial da fonte oculta aos olhos mortais, cuja profundidade é sem fundo; cuja altura sem termo; cuja amplitude incircunscritível; cuja pureza imperturbável![11]

---

11. SANTO ANSELMO. *Medit.* 2.

De ti procede o rio do óleo da alegria, que alegra a cidade de Deus; de ti a torrente de ígneo vigor, torrente, digo, de delícias divinas, onde bebem alegres os celestes comensais, e embriagados cantam sem cessar hinos de júbilo.

Unge-os com este sagrado óleo, ó Jesus; recreia com a água desta desejável torrente os secos lábios dos sedentos de amor – e com voz de regozijo e gratidão te cantaremos hinos de louvor, provando por própria experiência que em ti está a fonte da vida e que em tua Luz veremos a Luz.

Jesus, fim de todos os desejos

48 – Fim de todos os desejos – não padece dúvidas – é a felicidade ou bem-aventurança, "estado esse permanente e perfeito na posse de todos os bens"[12]. Ninguém, contudo, chega a esta felicidade senão pela última resolução unitiva Àquele que é fonte e origem de todos os bens, naturais e gratuitos, corporais e espirituais, temporais e ternos. Esta fonte é Deus que de si mesmo pronuncia: "Eu sou o Alpha e o

---

12. BOÉCIO. *III de Cons.* prosa 2.

Ômega, o princípio e o fim" (Ap 1,8). Com efeito, como pelo Verbo eternamente dito são produzidas todas as coisas, assim pelo Verbo encarnado elas são reparadas, endireitadas e ultimadas. Por onde com toda a verdade e propriedade foi chamado Jesus, pois não há outro nome debaixo do céu dado aos homens no qual se possa alcançar a salvação.

A ti, pois, eu seja levado, ó saudoso Jesus, fim de todas as coisas, crendo em ti, esperando em ti e amando-te de todo o coração, com toda a mente, com toda a alma, com todas as energias. Tu só me bastas, Tu só me salvas, Tu só és bom e suave àqueles que te procuram e amam teu nome.

> Porque Tu és, meu bom Jesus, redentor dos perdidos, salvador dos remidos, esperança dos desterrados, fortaleza dos que labutam, doce consolo das almas angustiadas, cetro e coroa dos triunfadores, único prêmio, e alegria dos cidadãos da Jerusalém Celeste, ilustre prole do sumo Deus e sublime fruto do seio virginal, fecunda fonte de todas as graças, de cuja plenitude nós todos temos recebido[13].

---
13. SANTO ANSELMO. *Medit.* 2.

Oração para alcançar os sete dons do Espírito Santo

49 – Rogamos, pois, ao clementíssimo Pai, por meio de Ti, seu Unigênito, feito homem por amor de nós, crucificado e glorificado, que de seus tesouros envie sobre nós o Espírito da graça septiforme, o qual descansou em Ti em toda a sua plenitude, a saber: o espírito da sabedoria para que gozemos o fruto da Árvore da vida, que és Tu, e os sabores que reanimam a vida; o dom do entendimento com que sejam esclarecidos os olhos de nossa mente; o dom do conselho para caminharmos, seguindo as tuas pisadas; pelas sendas da retitude; o dom da fortaleza para triunfar da violência dos inimigos que nos combatem; o dom da ciência para, alumiados com os fulgores da sacra doutrina, discernirmos perfeitamente o bem e o mal; o dom da piedade para revestir-nos de entranhas de misericórdia; o dom

do temor com que, segregando-nos de todo o mal, docemente repousemos na sujeição reverencial a tua eterna Majestade.

Estas coisas nos ensinaste a pedir na oração do Pai-nosso, e estas te suplicamos agora, por tua Cruz, nos alcances para glória de teu Santíssimo Nome, ao qual com o Pai e o Espírito Santo sejam dadas toda honra e glória, ação de graças, louvor e império pelos infinitos séculos dos séculos. Amém.

D. M. E. O.
Deus meus et omnia

Série **Clássicos da Espiritualidade**

– *A nuvem do não saber*
Anônimo do século XIV
– *Tratado da oração e da meditação*
São Pedro de Alcântara
– *Da oração*
João Cassiano
– *Noite escura*
São João da Cruz
– *Relatos de um peregrino russo*
Anônimo do século XIX
– *O espelho das almas simples e aniquiladas e que permanecem somente na vontade e no desejo do Amor*
Marguerite Porete
– *Imitação de Cristo*
Tomás de Kempis
– *De diligendo Deo – "Deus há de ser amado"*
São Bernardo de Claraval
– *O meio divino – Ensaio de vida interior*
Pierre Teilhard de Chardin
– *Itinerário da mente para Deus*
São Boaventura
– *Teu coração deseja mais – Reflexões e orações*
Edith Stein
– *Cântico dos Cânticos*
Frei Luís de León
– *Livro da Vida*
Santa Teresa de Jesus
– *Castelo interior ou Moradas*
Santa Teresa de Jesus
– *Caminho de perfeição*
Santa Teresa de Jesus
– *Conselhos espirituais*
Mestre Eckhart
– *O livro da divina consolação*
Mestre Eckhart
– *A nobreza da alma humana e outros textos*
Mestre Eckhart
– *Carta a um religioso*
Simone Weil
– *De mãos vazias – A espiritualidade de Santa Teresinha do Menino Jesus*
Conrado de Meester
– *Revelações do amor divino*
Juliana de Norwich
– *A Igreja e o mundo sem Deus*
Thomas Merton
– *Filoteia*
São Francisco de Sales
– *A harpa de São Francisco*
Felix Timmermann
– *Tratado do amor de Deus*
São Francisco de Sales
– *Espera de Deus*
Simone Weil
– *Contemplação num mundo de ação*
Thomas Merton
– *Pensamentos desordenados sobre o amor de Deus*
Simone Weil
– *Aos meus irmãozinhos*
Charles de Foucauld
– *Revelações ou a luz fluente da divindade*
Matilde de Magdeburg
– *A sós com Deus*
Charles de Foucauld
– *Pequena filocalia*
Jean-Yves Leloup
– *Direção espiritual e meditação*
Thomas Merton
– *As sete palavras do Cristo na cruz*
São Roberto Belarmino
– *Tende o Senhor no coração*
Mestre de São Bartolo
– *O Pão Vivo*
Thomas Merton
– *O enraizamento*
Simone Weil
– *Na liberdade da solidão*
Thomas Merton
– *O sermão do Senhor na montanha*
Santo Agostinho
– *A vida perfeita e A direção da alma*
São Boaventura
– *A árvore da vida*
São Boaventura
– *A elevação da mente para Deus – Pelos degraus das coisas criadas*
São Roberto Belarmino
– *O sermão do Senhor na montanha*
Santo Agostinho

Conecte-se conosco:

f facebook.com/editoravozes

@editoravozes

@editora_vozes

youtube.com/editoravozes

+55 24 2233-9033

www.vozes.com.br

Conheça nossas lojas:

www.livrariavozes.com.br

Belo Horizonte – Brasília – Campinas – Cuiabá – Curitiba
Fortaleza – Juiz de Fora – Petrópolis – Recife – São Paulo

EDITORA VOZES LTDA.
Rua Frei Luís, 100 – Centro – Cep 25689-900 – Petrópolis, RJ
Tel.: (24) 2233-9000 – E-mail: vendas@vozes.com.br